AF452314

ANNÉE
GALANTE
OU
ETRENNE
A L'AMOUR.
CONTES!
Enrichis de Figures
et d'Ariettes.

FRONTISPICE

AIR: On chante d'aise air de la
Rosiere de Salenci.

Je viens armé de mon flambeau
Dans vos sens vous lancer ma flame
Et de cet almanach nouveau
Souffler mon ardeur dans votre ame
Ainsi l'Amour sous les jupons
De sa torche allume les C...

Si votre cœur reconnaissant
Daigne l'agréer pour etrennes
Vous livrant au culte galant
Les votres deviendront les miennes
Ainsi l'amour sous les jupons
Verse le plaisir dans les C...

Il faut sans beaucoup de façons
Pour etre mes cheres pretresses
Laisser voir et prendre aux garçons
Vos tetons vos cuisses vos fesses
Ainsi l'Amour sous les jupons
Au plaisir prepare les C...

Belles foutés a l'unisson
Voila le bon conseil a suivre
Vous en verrés mainte leçons
Que je vous donne dans ce livre
Ainsi l'Amour sous les jupons
De plaisirs ennivre les C...

N.º 1.

AIR: Au coin du feu

—————

Quand la triste froidure
Relegue la nature
Au coin du feu
L'Amour bravant l'injure
Fait parler la nature
Bien loin du feu

—————

Ailleurs c'est la Duchesse
Dont on tate la fesse
Au coin du feu
Ici troussant sa cotte
Une fille qu'on frotte
Bien loin du feu

—————

Pour le faire a son aise
La Dame veut qu'on baise
Au coin du feu
A la simple Grisette
Un V... sert de chaufrette
Bien loin du feu

Le Traineau.

air: Des folies d'Espagne.

A deux amans que l'amour favorise,
Tous les endroits, et tous les tems sont bons;
Leurs sens actifs que sa flamme électrise
Savent braver l'Hyver et ses glaçons.

CONTE

Le Trainau Anecdocte Ruſſe.

Telles Regions telles mœurs ; tel homme tel goût,
un des plus grands divertissements de la Noblesse
Russe pendant l'Hiver, est de parcourir en Traineau
un grand espace de pays, ce qui ne leur est pas
difficiles puisque les reines dont il se servent
pour cet exercice sont sans contredit les plus a-
giles de tous les animaux domestiques.

Un Seigneur de cette Contrée pour rendre le plaisir de cette course plus piquant, s'y faisoit accom-
pagner par sa Maitresse, et aimoit à jouir des plus
douces faveurs de l'Amour dans le tems même ou
l'equipage glissant alloit le plus vite ; mais il en
fut un jour la victime, etant dans la chaleur de l'ac-
tion, il ne s'apperçut pas que ses reines traversoient
une riviere glacée, point extrement large, mais
qu'on savoit être très profonde et très rapides aussi n'etoit il pas encor au milieu que la glace rompit
sous lui et engloutit d'un meme coup l'Autel du Dieu
de Cythere, le Sacrifice et le Sacrificateur.

CONTE

Lettre d'un Provençal a un de ses ami en Province.

Il faut que je te raconte mon cher compatriote une avanture
extraordinaire qui vient de m'arriver je suis bien guerri je
t'assure du desir qu'on a de trouver des gens de son pays
voici le fait! comme nous sommes dans le carnaval je fut con-
duit il y a quelque temps a un Bal par quelqu'un avec qui
je me suis lié depuis peu, et j'y trouva entre plusieurs Demoiselle fort aimable, une petite blonde qui suivant ce qu'elle
me dit se trouva être des environs de chez moi, nous dansâmes
ensembles et fimes ainsi connaissance,

Le Bal fini il est question de s'en retourner chez soi, je cru qu'il
etoit de l'honnêteté de proposer a ma blonde de la reconduire
chez elle, elle me propose de manger ensemble une sala-
de en buvant une bouteille de vin que j'acceptois, j'oublioit
de te dire quelle avoit commencé par faire un bon feu,
la belle etendue sur sa chaise les pieds sur les chenets
avoit relevée insensiblement ses jupes et sa chemise jus-
que sur ses genoux beaucoup plus haut que son derriere
tu juge aisement de ce que j'avois a contempler et en
quel etat par consequent etoit ce que tu devinera je n'osois
pourtant en faire rien remarquer, m'imaginant que ce
que je voyoit faire pouvoit etre en usage dans la Capitale
ou regne comme disoit un de nos Regents l'aisance et
la liberté, J'etois dans ses reflections lorsque tout a coup
l'on entendit frapper de la maniere la plus terrible
ma compagne hesite un moment et se determine
enfin a ouvrir quand elle voit que l'on va mettre
la porte en bas quel est mon saisissement il
entre aussitot un grand Estaffier qui commence par imprimer une paire de soufflets
sur le visage de ma blonde, et m'ayant
vu quoique je fasse de mon mieux pour
me cacher, me menace de me jetter
par la fenêtre en jurant et sacrant,
comme il commence a me saisir et
a m'ajuster quelque coups de poings
j'entre en composition; et moy-
ennant 12.ᵗ j'obtiens de m'en
aller par ou j'etois venu je
promet bien de ne plus fai-
-re connaissane avec mes
pays et encore moins
mais payses. Je suis
mon cher, &c.)

La Parade.

air: nous sommes Précepteurs d'Amour.

Avec un objet fait au tour,
Je ne jouirois point de la sorte.
Qui voit le Temple de l'Amour,
Doit-il badiner à la porte ?

AIR: *Voilà ce que c'est d'aller au Bois.*

Etre folâtre être Badin
Voilà ce que c'est qu'un Arlequin
Savoir mettre le monde en train
    Exciter a rire
    Mille bons mots dire
Ainsi qu'a fait maître Carlin
V'la ce que c'est qu'un Arlequin

Lancer quelques brocard malin
Voilà ce que c'est qu'un Arlequin
Par exemple sans être fin
    Dire a Morfontaine
Que du Bois sans peine
Il aura plus que Commartin
V'la ce que c'est qu'un Arlequin

Avoir quelques coups de Rondin
Voilà ce que c'est qu'un Arlequin
Quand par un mal'heureux destin
    A quelqu'un l'on touche
    Dont l'humeur farouche
Ne repond qu'avec un gourdin
V'la ce que c'est qu'un Arlequin

N.º III.

AIR : *Vous m'entendez bien*

———

Agnès s'emparant d'un Licol
Traînoit un Taureau par le col
Affin qu'a sa Genise
    Eh bien
Il rendit un service
Vous m'entendez bien

———

Mais l'animal ne se hatoit
Car la pauvre Bête avoit fait
Avec une vingtaine
    Eh bien
Et sans reprendre haleine
Vous m'etendez bien

———

Ce que regardant Louison
Qui mieux instruite etoit dit-on
Aussitot vous le tire
    Eh bien
Par ou vous allés rire
Vous m'entendez bien

———

De tout il faut tirer parti
Filette apprenées de ceci
Quand un amant échappe
    Eh bien
Comment on le ratrape
Vous m'entendez bien

Le Service intéressé?

air: Reveillez-vous &c.

Avec la plus grande innocence,
On met en humeur ce Taureau,
Et pourquoi cette complaisance?
C'est que l'on veut avoir un Veau.

CONTE

Le Taureau Anecdocte Françoises.

Dans un petit pays situé vers le midi
de la France les filles de la Campagne avoient
un usage bien singulier, vers le mois de Mars
on amenoit toutes les Génisses du canton au
Taureau afin de les faire emplir comme il
ne laissoit pas d'y en avoir une certaine
quantité d'animal sur la fin refusoit le service dont il ne faisoit qu'un jeu dans le comen-
cement, les filles alors tachoient d'exciter le
Taureau, allons hüe Robin disoient elle mon ami
Robin et finissoient par se servir avec lui
du petit exercice que connoissent les filles de joie
à Paris, quelque fois cela le mettoit en train d'autres
fois cela le mettoit en fureur, cette usage s'abolit
parce qu'un jour Robin animé de cette manière
par une jeune fille, soit qu'il la trouva a son gré soit
qu'il fut fatigué par la petite manœuvre s'eleva sur
elle aulieu de s'elever sur la Génisse dont il avoit
le derrière en perspective la blessa de plusieurs
coups, et auroit fini par la tuer si on n'etoit venu
a son secours avec des batons et autres ustancilles
necessaires en pareil cas.

La Guirlande.

air: Chançons, Chançons.

Des amours voyez-vous l'image?
À quoi le plaisir les engage!
O qu'ils sont fous!
Souvent, dès qu'elle est attendrie,
Reine ou Bergere s'humilie
À nos genoux.

AIR : D'un Bouquet de Romarin

Avec son petit Voisin ?
Le Jeune Formose
S'amusoit chaque matin
La Gentille Rose ?
C'etoit d'abord mille jeux
Simples innocents comme eux
Ils ne songoient tous les deux
A rien autre choses

Desirs en prenant le frais
Vint sur la verdure
De voir comme les a faits
La Dame nature
Ce que Formose montroit
Rose de fleurs l'entouroit
Lui tandis qu'on le paroit
Changoit de figure

Mais Rose qui ne savoit
Quelle en est la cause
De tous ses yeux regardoit
La Metamorphose
Il voulut voir a son tour
Ne voila t'il pas qu'amour
Apprend a Formose un tour
Qui fait pamer Rose

CONTE

Les deux Enfans Anecdocte Françoise.

Il n'y a pas longtems qu'a paris deux enfans garçon
et filles agé l'un de 10 et l'autre de 9 ans, elevés ensembles
dès le berceau a cause de l'intimité de leurs parents a-
voient tellem.t contracté l'habitude de jouer ensemble
qu'ils ne pouvoient se quitter, il est vrai que l'on en etoit
pas faché dans les deux familles parceque chacune d'elles s'en occupoit peu et se reposoit sur eux memes du
soin de s'amuser on apprit fort singulierem.t quel etoit
le genre de leurs divertissem.t un jour la petite arriva
en pleurs dans la chambre de sa mere, se plaignant que
son petit ami venoit de lui tacher son fourreau neuf,
la maman demande coment cela c'est fait et la petite
reste toute interdite en se mordant les levres, la mam.an
n'y pensa plus, mais le papa concevant des soupsons
a l'inspection de la tache resolu de les epier, et dès le
soir meme sceut a quoi s'en tenir, voici quel etoit leur
manege, dès qu'ils etoient seuls le petit garçon comen-
coit par passer sa tête sous les jup. de sa bonne amie
lui baisoit les cuisses et le ventre, après cela il la faisoit
mettre a genoux la tête a terre, la troussoit et après
lui avoir donné quelques claques sur le cul il plaçoit
son visage dessous, lui lechant ce qu'on devine de reste
la petite ressentoit insensiblement les sensations
du plaisirs, et enfin arrivoit au comble, c'etoit
après cela a son tour elle entouroit la petite
genitalle du garçon, d'un ruban quelle tiroit
ingenument par les deux bouts et en peu de
tems lui procuroit ce qui fut cause de son indis-
cretion, je laisse a juger si on les laissa jouer
davantage ensemble.

Le Mai.

Air : Tu croyois, en aimant Colette.

Le Printems qui vient de renaître

anime tout, et je le vois ,

Bien mieux que sous une fenêtre,

on plante le Mai dans un bois.

$N.^o V.$

AIR : *Jupiter un jour en fureur*

———

Quel est le bonheur d'un Garçon
De pouvoir l'offrir a sa Belle
Et quand il est agrée d'elle
Lui planter dans la saison
Tel le presentoit a Therese
Guillot la perle du hameau
Ha ! mon ami qu'il est beau
Dit elle sautant d'aize

———

Puisque lui repondit Guillot
L'offrande a le don de te plaire
Il faut me le prouver ma chere
Autrement que par un mot
De grace pour faire connoitre
Si de ma Therese le cœur
A mon present fait honneur
Ouvre moi ta fenêtre

———

Therese se laisse engager
Au doux penchant de la nature
Qu'excitoit encor la tournure
Du don fait par le Berger
Ouvrant d'elle meme sa porte
Je crains dit elle un accident
Enfonce le bien avant
De peur qu'on ne l'emporte

N.° V.

CONTE

Le May Anecdocte villagoise

Dans presque toutes les campagnes surtout aux environs
de Paris, il est d'usage le premier de May de planter devant
la porte de quelqu'un pour lui faire honneur un arbre le plus
droit et le plus haut que l'on puisse trouver sans etre bien gros,
on le depouille de son ecorce et de toutes ses branches ne lais —
sant que les plus elevées, et apres lui avoir ainsi donné le nom
de may, tout les habitant en corps le portent soit au Seigneur
soit au Curé, ou a quelque particulier plus riche et plus hupé
que les autres. Un jeune laboureur consideré dans son hameau, ou il donnoit le ton et meme plus entendu qu'a un pay-
an n'appartient, persuada un jour aux garçons d'en donner
un au fermier de l'endroit quoiqu'il n'en fut pas beaucoup ai-
mé et ne le merita meme pas par la maniere presque tyran-
nique avec laquelle il exerçoit les droits du Seigneur,
il falut qu'on fut d'autant plus etonné que ce jeune
laboureur eut fait des demarches pour obtenir a cet homme un temoignage d'estime et de vénération dont il n'etoit
pas digne, que lui meme venoit d'etre la victime de ses exactions
par une grosse some d'argent qu'il avoit eté obligé de lui donner; l'etonnemt auroit cessé alors comme il cessa ensuite si
on avoit sçut qu'il etoit d'intelligence avec une jolie fille du
fermier et que ce cher may placé aupres de la porte et vis-
a-vis les fenêtres de la Demoiselle devoit servi d'escalier
pour se procurer les moyens de se voir et de se temoigner
mutuellement leur amour, mal'heureusemnt cela ne dura
pas longtems, le fermier qui avoit toujours les oreilles
ouvertes ayant entendu grimper quelqu'un par le may a la
chambre de sa fille n'a attendu environ un quart d'heure,
et monta ensuite brusquement chez elle il surprit nos
deux amants occupés a planter de may ensemble d'une
maniere plus agréable que l'autre et n'ayant d'habillemt,
que ce qui etoit necessaire pour la ceremonie ce qui ne
les surchargoient point, irrité mon brutal de fermier
leurs distribuat quelques coups, et finit par faire un bon
procés a l'un ce qui acheva de le ruiner et envoyer l'autre
ches une tante qui demeuroit loin de la.

La Tonte.

air: Vous m'entendez bien.

Du Berger, plus que du Mouton
Je désire avoir la toison,
Et j'ai de quoi répondre,
Eh! bien,
S'il veut aussi me tondre
Vous m'entendez bien.

N.° VI.

Touchant à la mousse legere
D'ou sort ce petit arbrisseau
La jeune Lise Considere
L'arbuste d'un genre nouveau
Mais que veut faire la cruelle
Avec ce fatal instrument
Et pour quel usage tient t'elle
Ces ciseaux la dans ce moment

Lise tu ne sçait pas sans doute
A quoi cet arbre peut servir
Il est l'ornement de la route
Qui nous mene tous au plaisir
Si tu n'ignorois l'avantage
qu'on tire de cet arbre la
Lise tu ne pourois je gage
te divertir a couper ça

Lise examine cette Tige
vois comme elle brave ta main
Tu n'es pas au bout du prodige
Puisque sa place est dans ton sein
Il faut laisse la conduire
Par un Berger bien amoureux
Je te promets qu'il doit l'instruire
en le faisant d'un joli feu

CONTE
Le devant Razé

Rien de plus simple que l'amour, rien de plus varié, rien
souvent de plus Bizarre que son culte, on a vu Pechote (a)
prendre plaisir a insinuer et a se faire insinuer des
plumes de Paon dans le derriere, un particulier avoit
une manie aussi singuliere que celle la, il goutoit une
satisfaction extême a voir razer le devant d'une femme
qu'il payoit exprés, la ceremonie se faisoit tous les
deux jours et voici comme on y presidoit la patiente jo-
liment coeffée et la gorge a demie nue, avoit soin de
prendre une chemise blanche et parfumé un deshabillé
elegant et dans cet acoutrement atendoit son original
qui ordinairement ne tardoit pas a paroitre suivi de la
femme de chambre Barbiere il n'etoit pas plutot entré
quelle se levoit et lui sans preambule n'y autre pre-
paration alloit a elle et de ses propres mains levoit
juppes et chemises, dessous laquelle il sentoit pour
savoir si on avoit eut soin de mettre des odeurs, elle
etoit ensuite obligé de soutenir ses habit elle meme,
nue, jusqu'au nombril, alors la Barbierre remplissoit
son petit ministere, et lui pendant le tems consideroit
attentivement les objets qui etoient devant ses yeux
tant le principal que les accessoires se provoquoit
du mieux qu'il lui etoit possible au plaisir, quand il
le sentoit approcher il poussoit de la main la femme
de chambre et vis-a-vis sa maitresse il dirigeoit
instrument sur la partie qui venoit d'etre savonée
et qui etoit ou a moitié ou tout a fait raze il la savo-
noit une seconde fois avec ce dont on peut se douter mais pas aussi abondament.

(a) Ce Pechote ou pereu est un Banquier de Religion et Juif de profession.

Le Bain..?

Air: La bonne aventure.

Nageur, dans les doux transports
  D'une audace heureuse,
Prends les secrets trésors
  De cette Baigneuse......
Mais que vois-je! en son effroi
Une autre s'accroche à toi:
  La bonne aventure,
    O gué!
  La bonne aventure!!

N.° VII.

AIR : *Avec les jeux dans le village.*

Qu'il est charmant ce badinage
Auquel invite la saison
Filles pour ce mettre a la nage
Otent chemise et cotillon
Malgré que la pudeur en gronde
On devoile plus d'un Tresor
Chacune veut entrer dans l'onde
Comme Venus quand elle en sort

En ce mois la chaleur enleve
La crainte qu'on a du Garçon
A la reserve faisant treve
Les Sexes sont a l'unisson
En jouant l'on est pas severe
De tout on s'effarouche peu
Il est vrai que pour la Bergere
Cela souvent passe le jeu

De ce Bain le but ordinaire
Est dit on de ce raffraichir
On en croira tout le contraire
Pour peu qu'on puisse reflechir
Le feu qui dans ces eaux s'allume
Pire que tous les feux Gregeois
Par son ardeur Brule et consume
Le cœur et les sens a la fois

N.° VII.

CONTE

Les Baigneuses surprises Anec. Langued.ne

Les bonnes fortunes vienne souvent au moment qu'on y
songe le moins, un jeune homme en Languedoc dans la
saison des Bains, avoit l'habitude d'en prendre tous
les jours avec un de ses amis a un ruisseau ou depuis un
mois il n'avoit jamais vu personne quoique le lieu fut
infiniment agréable, un jour qu'ils etoient allés un peu
plus tard qu'à l'ordinaire en traversant un petit Bois
qui y etoit adossé ils entendirent du bruit comme si quelqu'un avoit pris leurs places ce que voyant ils prirent
le parti de se promener en attendant qu'on s'en aille, chemin faisant il leur vint en fantaisie d'examiner au moins
qui sont ceux qui les ont devancés, et pour ce ils se
coulent dans les broussailles, ils se savent bientot gré de
leurs curiosité en appercevant sur l'autre rive deux jolies
brunes dont l'une etoit deja entierement nue et l'autre
l'etoit presque, puisqu'il ne lui restoit plus que sa chemise qu'elle eut bientôt quitté a l'exemple de l'autre elles
ne furent pas entierement dans le ruisseau que nos deux
observateurs inpatients de profiter d'une si belle occasion se deshabillent le plus doucement qu'il peuvent, et
ayant attendu que les deux Dames furent un peu
éloignées descendent doucement dans la riviere la tra-
versent et s'emparent des corsets, d'hesabillés, jupons
et chemises, vont les cacher plus loin et apres se cachent
eux memes derriere de vieux troncs de saules et ne se
montrent que lorsque les Baigneuses se raprochant ar-
rivent justement ou ils sont. quelle fut la surprise et
l'effroi des dernieres qui courent d'abord a leurs
habit et ne les trouvant pas se mettent en grandes
colere et accablant les deux importuns d'injures,
eux alors de courir après elles de les attraper et les
apprivoiser au point qu'ils passerent toute la ma-
tinée avec elles non seulement dans le bain ou ils
badinerent et folatrerent Dieu sait la joie, mais encore apres en être sorti, les Dames auqu'elles u
leurs grand contentement se avoient servis de
valets de chambre les inviterent apartager sur
l'herbe un déjeuner frugal qu'elles avoient apportées
alors recommencerent les folies on joue on se culbute
on se fouette encore ne dis-je pas tout.

La Moisson.

Air: Je suis Lindor &c.

Ménage bien, Moissonneuse gentille,
Ce bel épi, tout fier d'être en ta main!
C'est de l'amour le plus riche butin:
Il ne doit pas tomber sous la faucille.

N.º VIII.

AIR : *La Bonne aventure au gué*

Que j'admire en ces instants
    De l'amour l'allure
Qu'il sçait donner aux mamans
    De la tablature
En ce mois tous les chemins
Sont marqués de ces larcins
La Bonne aventure au gué
    La Bonne aventure

Toi qui veux des mœurs du temps
    Faire la peinture
Retif va le long d'un Champ
    Pour voir la nature
Tu auras chemin faisant
Plus d'un tableau très plaisant
De Bonne avanture au gué
    De Bonne aventure

D'amour pour savoir le fin
En fait de Posture
Les filles de Laretin
    N'ont besoin je jure
Un V... ne leur fait pas peur
Elles cherchent de bon cœur
La Bonne avanture au gué
    La Bonne aventure

CONTE

Le divertisseur de filles Avec Villageoises.

Dans un village pas bien éloigné de Paris toutes les filles avoient pris un garçon en amitié
tellement qu'elles se servoient de lui pour
les divertir toutes ensembles aussi ses mains
pouvoient elles errer librement sous tous
les jupons et tout les fichus, tout etoit a sa
disposition celles meme qui essayoient de se
deffendre en etoient empechées par les autres
il est vrai que tout se passoit en jeux et
qu'elles evitoient toutes ce qui pouvoit etre
dangereux et par consequent d'etre surpri-
ses separement, mais apres qu'il leur avoit
rendu le service de les chatouiller l'une a-
pres l'autre chacune d'elles venoit a son
tour lui donner la monoye de sa piece, il
arriva un jour qu'une des meres s'etant
douté de l'orgie, surprit la petite assem-
blée clandestine, et le bruit s'en etant repan-
du en un instant dans le village, le garçon
fut obligé de s'eloigner pour longtems et
filles furent tenues de plus courtes.

Fin

La Chasse ?.

Air. De la lanjarre de St Cloud.

J'irois souvent à la Chasse
Avec aussi joli train ;
Et je découvre une place
Où mon coup seroit certain.
J'irois souvent à la Chasse
Avec aussi joli train ..

N.º IX.

AIR : De la Fanfare de l'halali, ou
bien vous qui portés cornes en tête.

En vain l'on me vante la chasse
Aux chiens courants a corps a cris
Une autre ou il faut moins de place
Est préferable a mon avis

Piqué par sa flamme amoureuse
Qui suit les deux en cet instant
Aupres d'une aimable chasseuse
Est toujours de mon sentiment

Peu jaloux que trompe raisonne
Ou que l'on force pres de lui
Pourvu que l'Amour bientôt sonne
Pour sa voisine l'halali

N.º IX.

CONTE

Le Mariage de neceſſité Anec. Françoiſe

Un officier etoit epris des charmes d'une jeune D.ᵉˡˡᵉ dans
ſa province qui repondoit aſſés bien a ſa paſſion c'est a dire
qu'elle l'aimoit pour le moins autant qu'elle en etoit
aimée, ſon Pere et ſa Mere qui ne trouvoient point dans le
Gentilhomme un parti convenable, firent tout ce qui depen-
doit d'eux des qu'ils s'en apperçurent pour l'empecher
de parler a leur fille et meme de la voir ce qui ne faiſoit
qu'augmenter la tendreſſe que les deux jeunes géns avoient
l'un pour l'autre, mais quoique ces memes parents evitaſent
eux memes pour cette raiſon toute relation avec l'Officier,
comme il etoit cependant non seulement leur voiſin mais
encore d'une famille anciennement voiſine et alliée, ils
ne purent ſe diſpenſer de l'inviter a une partie de chaſſe
qu'on faiſoit ordinairement au mois de Septembre pour
l'ouverture de la Campagne et a laqu'elle les Dames aſ-
ſistoient pour la rendre plus gaye, tablants la deſſus
nos deux amants concertent ensemble de ſe perdre et
ſe donnant un rendez vous; la chaſſe commence il
s'agiſſoit de prendre un Chevreuil et a meme aſſez
de ſuccés pour appliquer les assistants et donner aux
amoureux le moyen de realiſer leurs projets qu'ils
realiſerent par parentheſe tant qu'ils purent cependant ils ne furent pas long-tems a reparoitre, et on ne
ſe doutat de rien : on prit ce jour la pluſieurs Che-
vreuils ce qui n'est pas fort interreſſant, mais ce qu'il l'est
davantage, c'est que deux mois aprés la D.ᵉˡˡᵉ ſe jette aux
pieds de ſon Pere et de ſa Mere leur declare tout ce qui est
arrivé et meme ce qui en reſultoit, elle les conoiſſoit au m.ˣ
la Pellerine ; Ceux ci commencent par envoyer chercher un
Chirurgien et s'etant aſſuré par ſon moyen de la verité deſ
faits « tu nous a trompé ma chere fille lui dirent ils nous vou-
« lions t'on bonheur et tu la cherché par un moyen qui ne pou-
« voit que nous faire beaucoup de peine, ce n'est pas l'instant de
« te faire des reproches il ſeroient ſans remede et tu est dans
« u'etat qu'il faut respecter, mais voici le ſouhait que nous te
« faiſons bien ſincerement c'est que tu ne ſoit jamais punie de
« la demarche que tu a faite ſeule et ſans nous, apres cela ils
firent venir le jeune homme a qui ils ſe plaignirent d'une maniere plus vive, et qu'ils menacerent meme s'il ne ſe rendoit pas toujours digne de la tendreſſe de ſa femme, ils ne
s'occuperent plus enſuite qu'a les réunir par le Mariage .

Les Vendangeurs.

Air : Jamais le Vin ne m'embarrasse.

Comme cette main amoureuse,
Est habile à saisir le joint!
... A ce jeu, belle Vendangeuse!
Ton panier ne s'emplira point.

N.° X.

AIR: De la Vendangeuse Contred.ce

La petite vendangeuse
Tout en aimant le raisin
Tu est bien plus amoureuse
De ce que porte Colin
Il sçait le mettre le Drole
Par son badinage entrain
Tu tire parti du role
Qu'il fait jouer a sa main

De ce petit exercice
Quelle fait si galament
Que tu sens le bon office
Que l'on visage est charmant
Mais quand Colin le chatouille
Tu te venge plaisament
Cateau qui si bien le mouille
Dit moi sans rougir comment

Si tu lui donnois carriere
Il pouroit bien autrement
D'une meilleure maniere
Te pousser un compliment
Pour te rendre plus heureuse
Souffre donc au meme endroit
La petite vendangeuse
Qu'il te place un plus gros doigt

CONTE

Les deux Orphelins Anecdoc. Villageoise.

*Deux paysans avoient toujours été en procès en-
semble pour une vigne dont ils possedoient chacun
une partie sans pouvoir en faire constater l'etendue,
ils moururent presque en meme tems, laissant l'un un
garçon et l'autre une fille, comme les deux jeunes gens
etoient d'une paroisse differente, ils ne se con-
noissoient point, les parents, et amis de chacun
deux les animerent on ne sçait pas pourquoi l'un
contre l'autre de maniere qu'ils etoient decidée
tous les deux a poursuivre avec acharnement
les affaires ce qu'ils avoient trouves dans la suc-
cession de leurs peres, les choses en resterent là
jusqu'au moment de la vendange qu'ils etoient
obligés de faire en meme tems ils se promirent
bien avant d'y aller de ne pas se parler ni meme
se regarder, cependant ils sont les premiers objets qu'ils rencontrent en arrivant a leur bien, et
malgré qu'ils s'en deffendent comme ils etoient
egalement beaux et bienfaits ils ne peuvent s'empecher de concevoir l'un pour l'autre les senti-
ments les plus tendre bientot après de se le dire,
que sçais-je, les raisins n'etoient pas aux trois
quart cueillis qu'ils etoient plus occupées de se
caresser, que de faire vendange, et coucher ensemble au dessous de leur treille ils se livroient aux
plaisirs de l'amour pour lesquels le jupon et le
bavolet etoient de foibles obstacles, je ne sçais
pas ce qui en resulta mais ils se marierent
ensemble deux mois après et ils terminerent
ainsi leur procès.*

Les Laboureurs.

air: De la Barone

Allons, courage !
Ainsi les maux ne sont plus rien.
Double soc fera double ouvrage,
Semez, Labourez bel et bien :
Allons, courage !

N.º XI.

Quand la promte soirée
Fait disparoître le jour
Lorsque de sa durée
L'hiver rend le temps plus court
C'est alors qu'amour s'empresse
De même qu'au bon vieux temps
Par le plaisir la tendresse
D'egayer les Bonnes Gens

Que j'aime les Veillées
De ses naïfs paysans
Et dans leurs assemblées
Que de portraits amusants
Surtout quand l'Amour &c

On fille ou l'on tricotte
En s'animant par des Chants
Une vieille marmotte
Une histoire entre ses dents
Cependant l'Amour &c

On sent s'en qu'on y pense
Quelques mains sous son jupon
On finit par la danse
Qu'on fait ensemble et en rond
Comme alors Amour &c

CONTE

La devote Anecdocte Françoise.

Un de mes amis m'a raconté qu'il avoit fait autre
fois, la connoissance d'une jeune devote très aimable, mais qui par le melange le plus bizarre accor-
doit de très bonnes foi l'attention la plus scrupu-
leuse a observer les preceptes de la Religion avec
le penchant le plus lubrique pour les plaisirs de la chair
il fut quelque tems a s'appercevoir de la nature
de son temperament mais enfin il avoit sçu a n'en
pouvoir douter qu'elle se branloit regulierement
tous les jours, agissant d'apres cette decouverte, il
azardoit de tems en tems des histoires libres avec elle
en se servant pour ne point revolter sa pudeur de
termes les moins indecent et eloignant a dessein
le denoument pour avoir le plaisir de comtempler
ses yeux que le desir rendoit plus brillant et sa
main qui se portoit tout naturellement dans sa
poche après, cela il s'approchoit d'elle mettant la
sienne sur ses jupons a l'endroit sensible et le
frotant autant qu'il le pouvoit a travers ses habits
il obtint successivement de lever le premier jupon,
le second, le troisieme car c'etoit en hiver, et
enfin la chemise, c'etoit pour la chatouiller plus
a son aise, mais ce fut pendant beaucoup de tems,
tant la devote faisoit une belle resistance, il ne
tarda pas alors de la determiner a souffrir autre
chose que la main, toujours egalement Religieuse
elle n'en faisoit pas moins ses prieres le matin et
le soir n'en entendoit pas moins deux messes et n'en
restoit pas moins deux ou trois heures le soir
a l'Eglise.

Le Pare ?

(Air : Du haut en bas.)

Que fais-tu là ?
Le bieau travail ! Morgué, j'enrage !
Que fais-tu là ?
Peut-on s'amuser comme ça ?
Seule à parguer, j'perdons courage ;
Ensemble, au moins faisons l'ouvrage
Que tu fais là.

AIR: Daigne écouter l'amant

L'ami Rusteau vouloit un jour a Jeanne
De son mieux faire un compliment d'Amour
Rusteau etoit aussi sçavant qu'un âne
Mais comme lui pouvoit faire sa cour

En sa presence il restoit sans rien dire
Sur ses deux pieds roide come un poteau
Jeanne en courroux lui dit qu'il se retire
Ailleurs que la pour tourner son chapeau

Triste il s'en va Jeanne a la fantaisie
D'aller apres son amant confondu
Lui dans un coin tenoit l'arbre de vie
Viens reprit elle et que ne montrois tu

CONTE

Lettre d'une Parisienne a une de ses amies en Campagne

Je n'ai appris que d'hier ma chere amie à apprecier dans les hommes une qualité dont je ne connoisois point encor la valeur, celle de n'avoir point d'Esprit tu crois que je plaisante, voici mon aventure tu connois bien le grand imbecille que dans notre societé nous appellions le grand Cousin par ce qu'il ne scait pas dire deux tu ne te douterois jamais de ce qu'il a fait. Comme je le regarde a peu près sans consequence, je ne faisoit aucune difficulté de m'abiller et me deshabiller devant lui. Un jour que je m'abillois toute seule en sa presence pour faire quelque visites, car on revient a force de la Campagne, ne voila t'il pas qu'il approche de moi avec les deux poingts a la hauteur de sa Culotte, je veux lui oter en badinant, et il me reste entre les mains la plus monstreuse allumette qu'on puisse s'imaginer, je t'avoue que quoique je voulusse me facher bien fort je ne put m'enpecher de partir d'un grand éclat de rire, pour lui il ne disoit rien mais il bandoit toujours, ma foi que veux tu j'ai pris l'occasion au cheveux, et je m'en trouve bien, c'est de ces gens qui courent quatre Postes sans débrider et neuf dans la journeé, pour surcroit de bonheur il ne parle pas, je t'assure qu'il n'y a ni Esprit ni amabilité qui vaille cela et pour le mal que je te veux, je te souhaiterois une pareille trouvaille, adieu.

Fin

Pot-Pouri des douze Mois.

N.º I.

AIR: *Vous m'entendez bien.*

On ne peut appeller transi
Un amant quand il s'cait ainsi
Malgré le froid extreme
        Eh bien
Prouver combien il aime
Vous m'entendez bien

II.

AIR: *J'avois toujours gardé mon cœur.*

Les belles dont on ne voit pas
Les traits ni le visage
Font de leurs plus secrets appas
Sens peine l'etalage

III.

AIR: *Jardinier ne vois tupas.*

Quand Lison en ricannant
Empogne cette piece
La friponne en ce moment
Ne songe qu'au changement
D'espece D'espece D'espece

IIII.

AIR: *Reveillez vous belle endormie.*

Le joli bijou qui toccupe
Et qu'a parer tu prends plaisirs
Ne peut trouver que sous ta jupe
L'ornement qui peut l'embellir

N.º V,

AIR : *Reveillez vous belle*

Il n'est pas d'instant dans l'annéé
Ou le cœur puisse etre plus gai
Qu'a cette heure tant fortunéé
Ou l'on vient pour planter le mai

VI.

AIR : *Pour la Baronne*

Avec la Sienne
Tu veux faire comparaison ⎱ bis
Bergere tu perdra ta peine
Si tu ne mele ta toison
Avec la Sienne

VII.

AIR : *J'avois toujours.*

Pour pretendre que le Garçon
Qui folatre dans l'onde
Ne trouveras jamais le fond
Il ne faut pas de Sonde

VIII,

AIR : *Daigne ecouter l'amant*

Depuis longtems ce petit Dieu moissoñe
Quand Cerès vient moissoñer a son tour
Et sa moisson encore ne foisonne
Autant que fait la moisson de l'Amour

$N.^o IX.$

AIR: *Reveillez vous belle*

***

Des charmes de sa chevaliere
Cet ecuyer comme je crois
Se menageant la vue entierre
N'est certe pas trop mal'adroit

X.

AIR: *Du haut en bas*

***

A ton pressoir
Chacun porteroit sa vendange
A ton pressoir
L'heureux Colin le scait mouvoir
Sens pour cela qu'il le derange
Moi je voudrois que d'arbre il change
A ton pressoir

XI.

AIR: *Viens dans mes bras*

***

Sur sa charrue il me met presque nue
Que fait il donc ! il me perce Lucas
Dieux Dieux comme il remue
Ah ! doux plaisir je me meurs d.^e ses bras

XII.

AIR: *Jardinier ne vois.*

***

Ce manche est de l'instrument
Que possede javolle
Si tu ne scais pas comment
Nigaud trousse seulement la Cotte &c.

FIN